Sabine Lohf
Himmelsleiter und so weiter

Sabine Lohf

Himmelsleiter
und so weiter

Ein Weihnachtsbastelbuch
für Kinder ab 4 Jahren

Otto Maier Verlag Ravensburg

CIP-Kurztitelaufnahme der Deutschen Bibliothek

Lohf, Sabine:
Himmelsleiter und so weiter:
e. Weihnachtsbastelbuch für Kinder ab 4 Jahren /
Sabine Lohf. – Ravensburg: Maier, 1985.
ISBN 3-473-37446-6

Vielen Dank an Angela Wiesner, die bei
allen Bastelarbeiten geholfen hat.

5 4 3 2 1   89 88 87 86 85

Gesamtgestaltung, Fotos und Illustrationen:
Sabine Lohf
Redaktion: Gisela Walter
Printed in Italy
ISBN 3-473-37446-6

Inhalt

Verkleidete Streichholzschachteln

Du brauchst:
24 leere Streichholzschachteln, Klebstoff, Buntpapier, etwas festeres Papier, Federn, Schere, Nadel und Faden.

Zuerst denkst du dir aus, wie du die Streichholzschachteln bekleben möchtest, oder du machst es genauso wie rechts auf dem großen Bild.

Hier ein Beispiel:

a) Du beklebst eine Streichholzschachtel von außen mit Buntpapier.

b) Du schneidest einen Kopf aus. Zum Beispiel den Kopf von einem Schwan.

c) Du knickst unten ein Stück von dem Hals um, bestreichst es mit Klebstoff und klebst es auf der Schachtel fest.

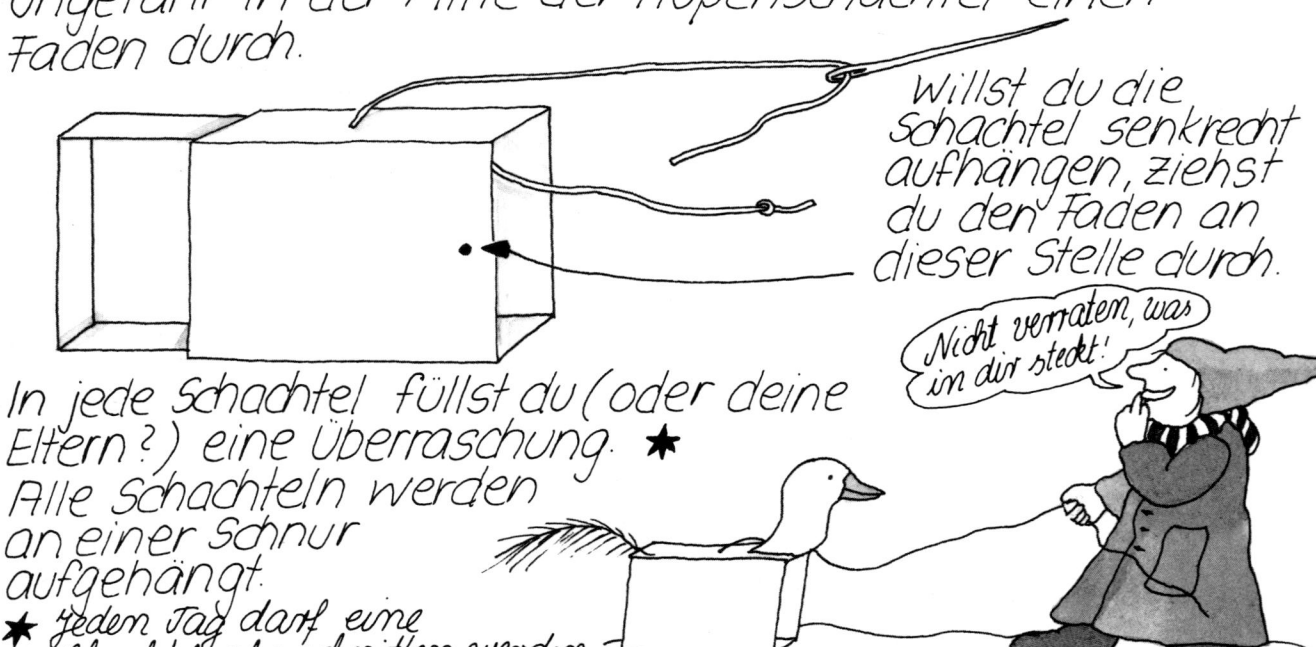

umknicken und mit Klebstoff bestreichen!

Wenn du die Schachteln später aufhängen möchtest, schiebst du die Innenschachtel heraus und ziehst ungefähr in der Mitte der Außenschachtel einen Faden durch.

Willst du die Schachtel senkrecht aufhängen, ziehst du den Faden an dieser Stelle durch.

Nicht verraten, was in dir steckt!

In jede Schachtel füllst du (oder deine Eltern?) eine Überraschung. ★ Alle Schachteln werden an einer Schnur aufgehängt.

★ Jeden Tag darf eine Schachtel abgeschnitten werden.

In jeder Schachtel steckt was drin

Eine Gans aus Kleisterpapier

Du brauchst:

Zeitungspapier, 1 Tüte Kleister, 1 Luftballon, eine Plastik-schale, weiße und gelbe Farbe, einen Pinsel, Schere, ein paar weiße Federn, und zum Füllen viele kleine Schachteln und buntes Papier und Bändchen zum Einwickeln

1. Du rührst den Kleister in einer Plastikschale so an, wie es auf dem Päckchen steht.

2. Du bläst den Luftballon auf und verknotest ihn.

3. Du reißt das Zeitungspapier in Streifen, streichstes dick mit dem Kleister ein und wickelst es Streifen für Streifen um den Luftballon. Es müssen ungefähr 4 bis 5 Lagen Papier um den Ballon gewickelt werden.

4. Du formst Hals und Kopf aus dick eingekleistertem Papier und klebst beide Teile an dem Ballon fest.

5. Dann läßt du alles über Nacht trocknen.

6. Ist die Gans trocken, schneidest du oben ein Loch in den Körper.

Nun kannst du die Gans anmalen und später mit den Überraschungs-päckchen füllen.

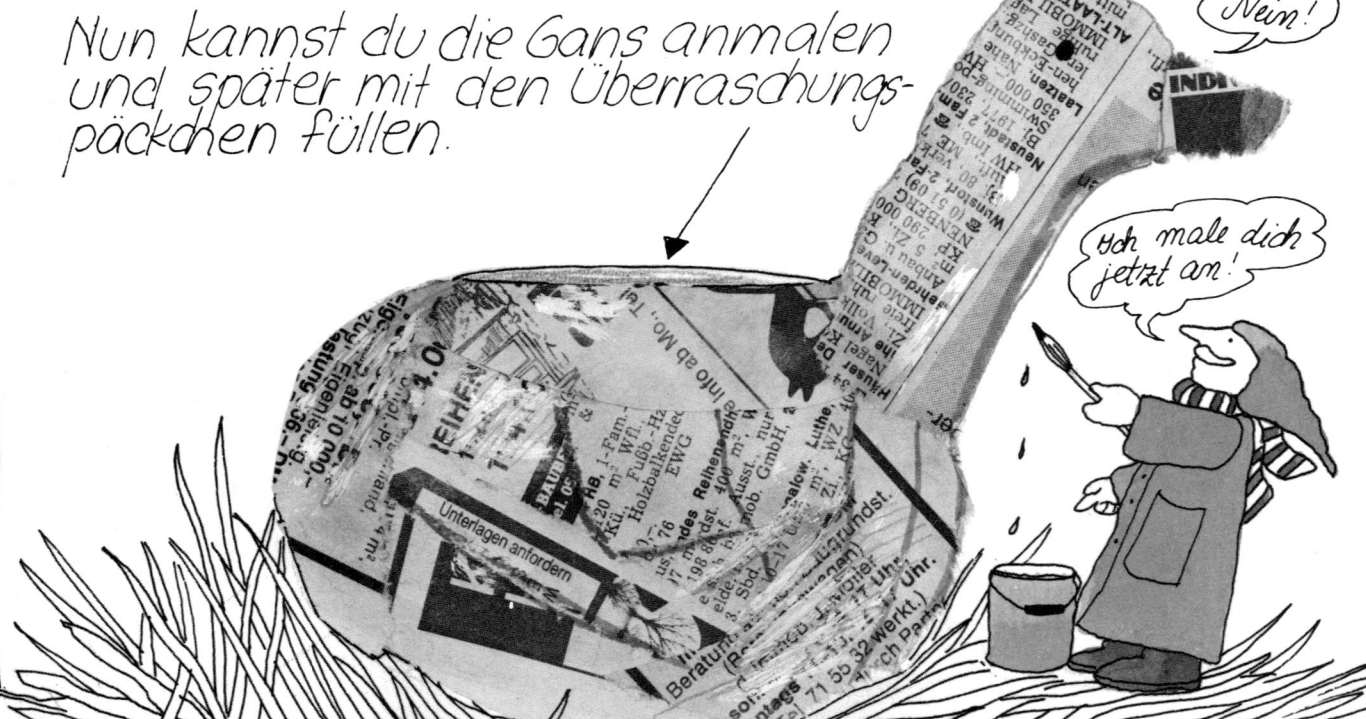

8

Gefüllte
Weihnachtsgans

Eine Burg aus Pappschachteln

Du brauchst:
Pappschachteln in verschiedenen Größen, leere Klo- und Haushaltsrollen, Silberpapier, glitzerndes Bonbonpapier, 2 Christbaumkugeln, Klebstoff, eine feste Pappunterlage, ein Papiermesser, Silberspray.

1. Du nimmst die Pappunterlage und klebst darauf alle Schachteln so über- und nebeneinander, daß sich die Schachteln noch öffnen lassen.

2. Dort, wo sich die Schachteln nicht öffnen lassen, schneidest du mit dem Papiermesser Türen und Fenster hinein, die sich aufklappen lassen.

3. Ist die Burg soweit fertig, sprühst du sie von allen Seiten mit Silberspray ein.

4. Während die Burg trocknet, schneidest du die spitzen Türme aus Silberpapier zurecht.

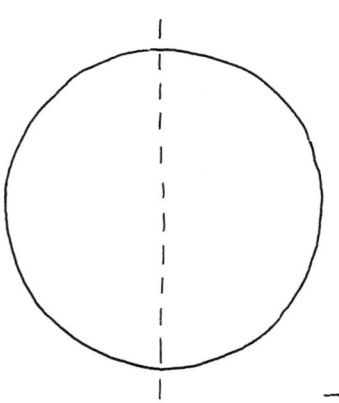

Am besten schneidest du einen großen Kreis aus, schneidest ihn in der Mitte durch und rollst die Halbkreise jeweils zu einem spitzen Hut zusammen, klebst die Kanten fest und klebst dann die beiden Turmspitzen auf den Haushaltsrollen fest.
Zum Schluß beklebst du die Burg an manchen Stellen mit glitzerndem Papier.
Und dann läßt du die Burg über Nacht vor deinem Zimmer stehen. Vielleicht füllt sie jemand mit geheimnis- vollen Sachen.

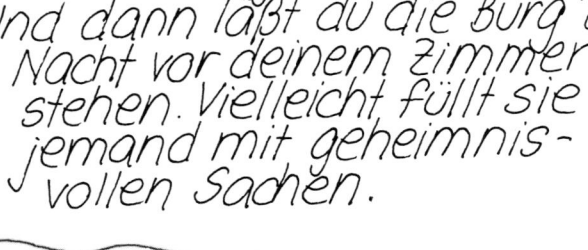

Die Burg mit den vielen Geheimnissen

Ein großer roter Lastwagen

Du brauchst:

feste Pappe, eine große und eine etwas kleinere Schachtel, eine offene Schachtel für die Ladefläche, 2 Holzstäbchen, Klebestreifen, Klebstoff, Farben zum Anmalen, eine Schere, weißes Papier zum Malen.

1. Du schneidest die feste Pappe so zurecht, daß die große und die offene Schachtel genau darauf passen, und klebst die Teile dann fest zusammen.

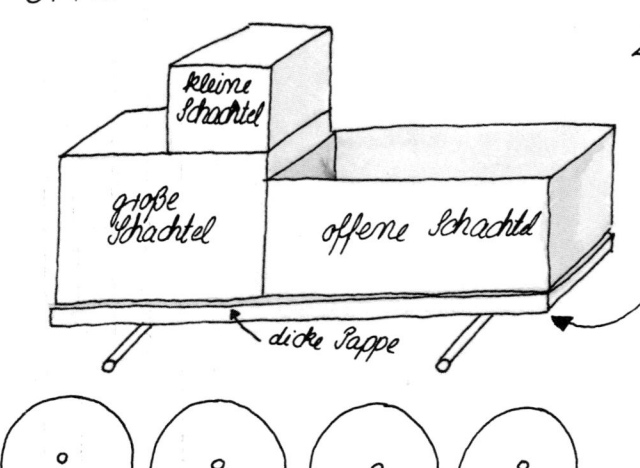

kleine Schachtel

große Schachtel

offene Schachtel

dicke Pappe

2. Du klebst die Holz-stäbchen mit Klebestreifen unter der Pappe fest.

3. Du schneidest 4 Kreise aus fester Pappe aus.

4. In die Mitte der Kreise piekst du jeweils ein Loch, so groß, daß du die Kreise auf die Holzstäbchen stecken kannst.

Dann schneidest du ebenfalls aus fester Pappe 4 kleine Kreise aus und steckst sie auch auf den Holzstäbchen fest. Probier einmal aus, ob die Räder sich auch drehen.

5. Du malst das Auto in einer Farbe an, die dir gut gefällt. Vielleicht malst du auch noch einen Weih-nachtsmann auf, schneidest ihn aus und klebst ihn als Fahrer in das Fenster.

6. Jetzt müssen noch viele kleine Sachen verpackt und auf das Auto aufgeladen werden.
   Ab geht die Post!

Hurra, die Weihnachtspost ist da!

Engelchor

Wenn du den Engelchor als Adventskalender benutzen möchtest, dann brauchst du:

24 leere Klorollen, weißes Kreppapier, festes weißes Papier, rosafarbenes Papier, Holzwolle oder weißes Ostergras, eine Schere, Klebestreifen, Bänder, Butterbrotpapier, Filzstifte

1. Du schneidest das rosafarbene Papier in Streifen, so breit, daß sie als Gesicht passen, und klebst es oben um die Rollen herum.

2. Dann schneidest du Kleider aus weißem Kreppapier aus, wickelst sie um die Rollen, klebst sie auf der Rückseite mit Klebestreifen fest und bindest dann ein buntes Band als Gürtel um die Mitte.

3. Du schneidest aus festem weißen Papier Arme aus, klebst jeweils rosafarbene Papierhände an und klebst die Arme fest.

4. Dann malst du allen Engeln ein Gesicht auf.

Wenn du in die Engel kleine Geschenke füllen möchtest, mußt du vorher einen Kreis ausschneiden und unter den Engel kleben.

Flügel aus Butterbrotpapier ausschneiden und ankleben!

Kreis ankleben!

Dann brauchen die Engel noch Haare. Sie können aus Holzwolle, weißem Ostergras oder auch aus Wolle sein. Du steckst die Haare einfach in den gefüllten Engel.

Wenn es dir zuviel wird, 24 Engel zu basteln, dann lade dir doch ein paar Freunde ein, die dir helfen. Oder du bastelst nur einen Engel, den du dann vielleicht verschenken möchtest.

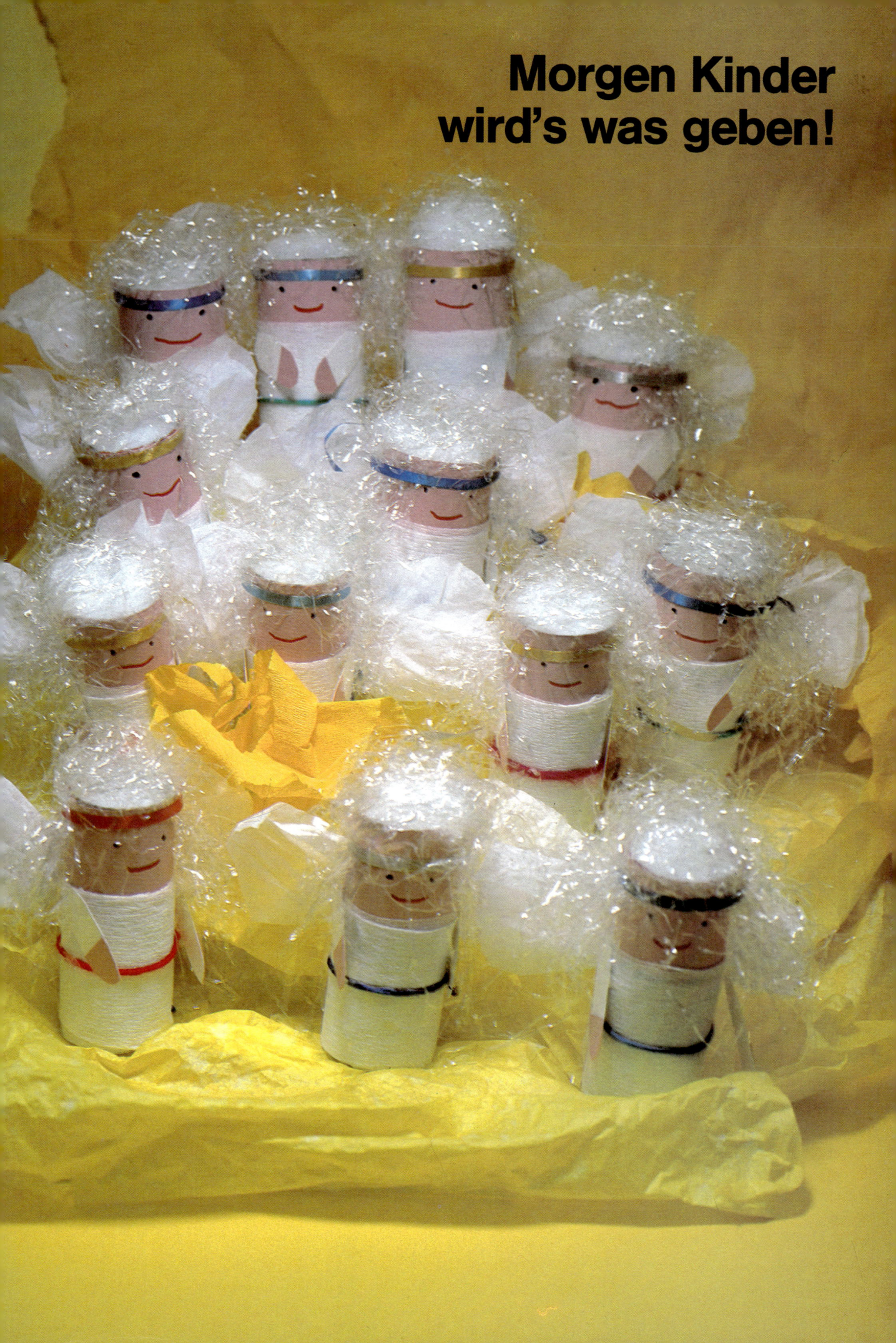

**Morgen Kinder
wird's was geben!**

Himmelsleiter

Du brauchst:
2 große Pappdeckel ungefähr gleich groß, weiße und graue Pappe für die Wolken, die Leiter und das Haus, Schere, Klebstoff und Watte, Farben und Pinsel.

Die Wolken werden aus weißem Karton ausgeschnitten und mit Watte beklebt.

Rückwand

hier festkleben!

Boden

Die beiden Pappdeckel werden so zusammengeklebt!

Die Leiter wird aus 2 langen, festen Pappstreifen und 23 Sprossen (aus Pappe) geklebt.

Schneide aus Pappe diese Form aus!

Knick sie an den gestrichelten Linien und kleb die Laschen zusammen.

Ach, ich muß das Haus noch anmalen!

Schneide ein passendes Dach aus und kleb es auf.

Schneide eine Tür in das Haus

24

Zum Schluß werden 23 Päckchen an der Leiter aufgehängt.

Die 24. Überraschung wird im Haus versteckt.

Das ist die Himmelsleiter

Wunschsonne

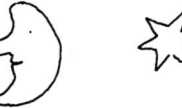

Du brauchst:

2 große Bögen gelben Plakatkarton, Buntpapier, eine Brief-klammer, Buntstifte, Klebstoff, Schere und Büroklammern.

1. Zuerst schneidest du einen großen Kreis aus dem Karton aus.

2. Aus dem restlichen gelben Karton schneidest du 24 Strahlen zurecht und klebst sie auf der Rück-seite des Kreises fest.

3. Du malst der Sonne ein Gesicht auf.

4. Du schneidest einen Zeiger aus Pappe aus und heftest ihn mit einer Briefklammer mitten im Gesicht der Sonne fest.

Den Zeiger drehst du jeden Tag eine Zahl weiter!

Wer geht mit mir in den Zoo?

Ich wünsche mir einen Hund

Ich möch...

Dann überlegst du dir Wünsche, die du auf die Strahlen malen oder schreiben möchtest.

5. Du rollst die Strahlen auf und heftest sie so mit einer Büroklammer fest, daß sie nicht aufspringen können.

6. Du malst oder klebst Zahlen von 1 bis 24 auf die aufgerollten Strahlen.

Dann hängst du die Sonne auf, und vom 1. Dezember an kann jeden Tag ein Strahl aufgewickelt werden.
Vielleicht liest jemand deine Wünsche.
Wenn die Sonne strahlt, ist Weihnachten.

**Die Sonne
mit den
Wunschstrahlen**

Marionettenengel

Du brauchst: 1 große Styroporkugel, 1 Beutel Watte, weißen Stoff und Stoffreste, Schere, Nadel und Faden, Farben zum Anmalen, 1 leere Klorolle, Klebstoff, etwas Silberdraht, Gardinentüll oder durchsichtige Haushaltsfolie, Engelhaar und weißen, etwas dickeren Faden.

1. Du legst den Stoff doppelt und schneidest Bauch, Arme und Beine zu. Die Teile werden an den gestrichelten Linien zusammengenäht. Vielleicht hilft dir jemand, der die Nähte auf einer Nähmaschine zusammennähen kann. ✱ ✱ ✱

oben alle Teile offen lassen!

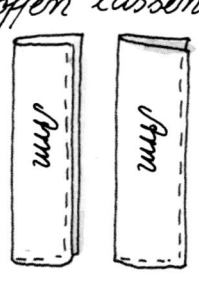
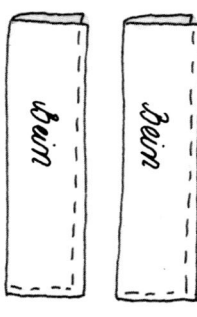

Bauch · Arm · Arm · Bein · Bein

2. Du klebst die Klorolle als Hals an der Styroporkugel fest und malst der Kugel ein Gesicht auf.

3. Dann stopfst du die genähten Körperteile mit Watte aus.

4. Du schiebst den gestopften Bauch über die Klorolle und schnürst ihn dicht unter dem Kopf fest.

Dann werden Arme und Beine am Bauch festgenäht.

Aus einem Stoffrest schneidest du ein Kleid zurecht und ziehst es dem Engel an.

Die Flügel werden aus Silberdraht gebogen. Aus Gardinentüll oder Folie schneidest du die Flügelform so aus, wie der Draht gebogen ist, und nähst den Stoff an dem Draht fest.

Du befestigst lange Schnüre an den Armen und am Kopf, dann kannst du den Engel daran tanzen lassen.

Haare ankleben!

Flügel am Rücken festnähen!

**Vom
Himmel
hoch,
da komm'
ich her!**

Milchtütenlaternen

* Du kannst die Häuser auch einzeln als Laterne an einem Stöckchen tragen!

Du brauchst:

leere Milchtüten, weiße Sprühfarbe, ein Papiermesser, Schere, Klebstoff, buntes Transparentpapier, festes weißes Papier und Teelichter

1. Du wäschst die Milchtüten gut aus und läßt sie trocknen.

2. Mit dem Papiermesser schneidest du Türen und Fenster aus.

3. Auf der Rückseite schneidest du unten ein Loch aus, so groß, daß deine Hand dort hineinpaßt.

4. Wenn du alle Fenster ausgeschnitten hast, besprühst du die Häuser mit weißer Farbe.

5. Sind die Häuser getrocknet, klebst du Transparentpapier hinter die Fenster und Türen. Am leichtesten geht es, wenn du alles in einem Stück klebst.

Loch einschneiden!

6. Damit die Milchtüte nicht anbrennen kann, wenn später ein Teelicht darin leuchtet, braucht jedes Milchtütenhaus einen Schornstein.

Du rollst einfach ein festes Stück Papier auf und steckst es oben in das Loch im Dach.

Jetzt können in den Häusern die Lichter angehen.

Hurra, es klappt!

22

Und am Abend
leuchten die Fenster
in der
Milchtütenstadt

Leuchtender Vogel

Du brauchst:

2 Luftballons, Seidenpapier in verschiedenen Farben, Kleister, einen Pinsel, etwas Schnur, Klebstoff, eine Nadel, ein Stöckchen.

1. Du rührst den Kleister so an, wie es auf dem Paket steht.

2. Du bläst 2 Luftballons auf, einen etwas größer, einen kleiner.

3. Du streichst das Seidenpapier mit Kleister ein und wickelst es Stück für Stück um die Luftballons.

Dann läßt du die Ballons 3 Tage lang trocknen.

An den kleinen Ballon klebst du noch einen Schnabel.

Wenn der Kopf des Vogels auch leuchten soll, dann schneidest du zwei Augen aus und ein Loch oben in den Kopf, damit der Kopf nicht anbrennt.

4. Du schneidest ein Loch in den Körper und in den Kopf

Vergiß nicht, Schwanzfedern anzukleben.

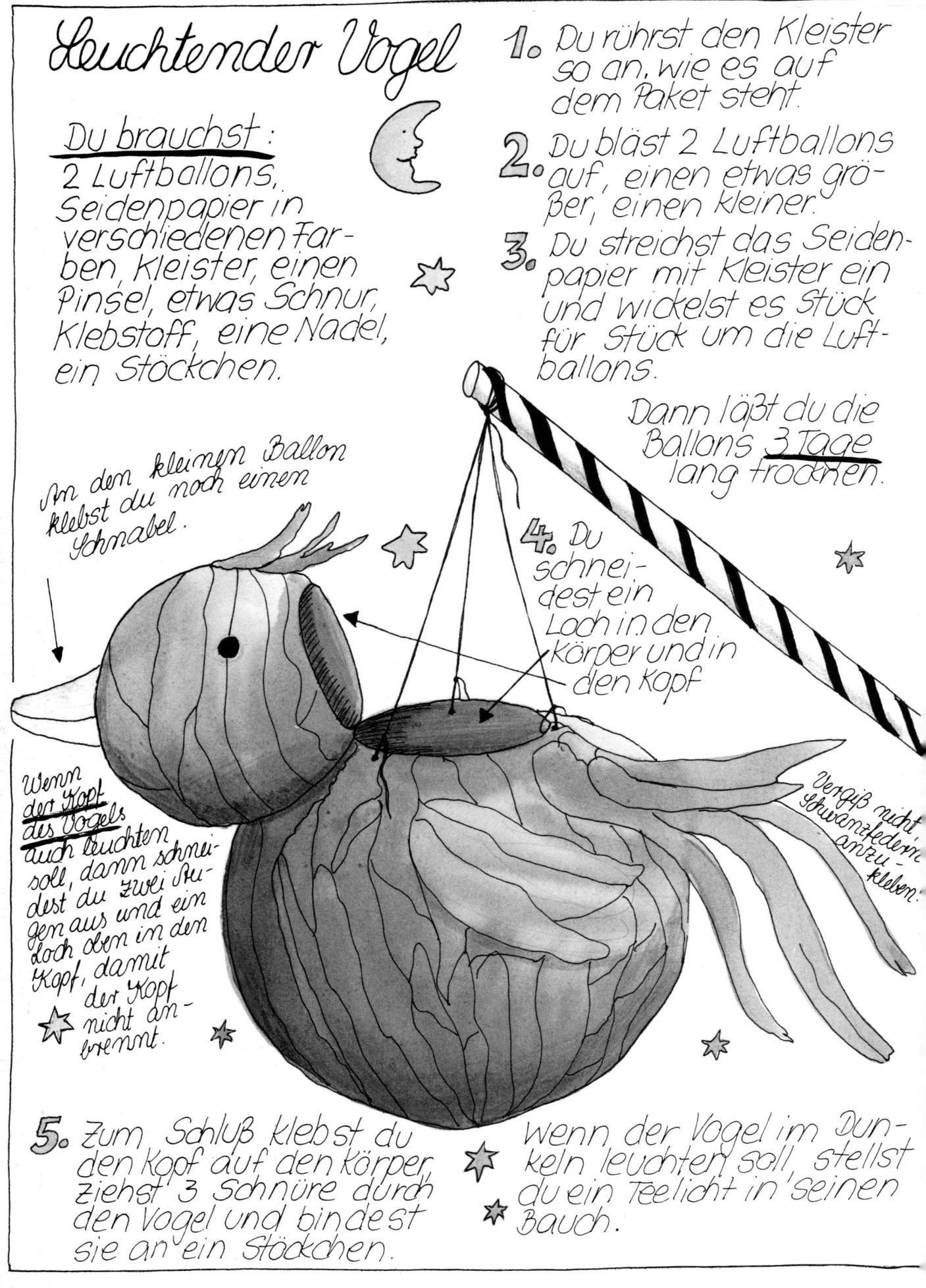

5. Zum Schluß klebst du den Kopf auf den Körper, ziehst 3 Schnüre durch den Vogel und bindest sie an ein Stöckchen.

Wenn der Vogel im Dunkeln leuchten soll, stellst du ein Teelicht in seinen Bauch.

Ein leuchtender Vogel

Schwäne aus Alufolie

Du brauchst:
1 Rolle Alufolie, weißen Karton, eine Schere, eine Suppenschüssel, Teelichter

Du schneidest dir von der Alufolie ein großes Stück ab und knüllst sie zu einem ganz lockeren Ball zusammen.

Dann drückst du den Ball in der Mitte fest zusammen. Das wird der Bauch! Aus den überstehenden Enden formst du Hals und Schwanz. Den Kopf setzt du später auf den Hals.

Denk daran! Schwäne haben einen langen Hals!

Während du den Schwan formst, stellst du ihn ab und zu auf eine glatte Fläche, um zu sehen, ob er von alleine steht. Er muß Gleichgewicht haben, weil er sonst im Wasser umkippt.

In einer mit Wasser gefüllten Schüssel läßt du die Schwäne zusammen mit brennenden Teelichtern schwimmen.

Vielleicht schneidest du dir auch noch ein paar Häuser aus weißem Karton aus, so wie die rechts auf dem Bild.

Am Abend
gehen wir zum
Silbersee

Hexxentreppenhampel

Du brauchst:
Goldfolie, weißes Transparentpapier, Kreppapier, Schere, kleine weiße Styroporkugeln, Stecknadeln mit roten Köpfen, Nadel und Faden, Klebstoff

Bis hier einschneiden!

Schneide 2 ungefähr gleichlange Streifen Goldpapier zu und falte sie abwechselnd übereinander, bis du bei den eingeschnittenen Stellen angekommen bist. Von da aus faltest du so weiter.

Die Arme faltest du extra und klebst sie oben fest.

Aus Goldfolie schneidest du einen Halbkreis aus und formst daraus ein Hütchen.

Stecknadelnase nicht vergessen!

Mit Nadel und Faden stichst du zuerst oben durch die Folie, dann durch die Styroporkugel, dann durch das Hütchen.

Aus weißem Kreppapier nähst du jedem Hampel eine Halskrause. Die Engel bekommen ein Kleid aus gefalteter Folie und Flügel aus Transparentpapier.

**Das geht
ganz leicht**

Kerzenhalter

Du brauchst:
3 leere Plastikflaschen, Zeitungspapier, Kleister, Pinsel, Farben, Draht, Kreppapier, Stoffreste, Wolle, 6 Kerzenhalter für Adventskränze, Schere, Klebeband und etwas Sand

1. Du streust Sand in die Flaschen, damit sie später nicht umkippen können.

2. Du knüllst Zeitungspapier zu einer Kugel, steckst sie auf den Flaschenhals und wickelst Klebestreifen herum.

3. In einer Schüssel rührst du den Kleister so an, wie es auf dem Päckchen steht.

4. Du wickelst ein langes Stück Draht mehrmals um den Flaschenhals und formst dann aus den Drahtenden 2 Arme.

5. Die Arme umwickelst du dick mit Zeitungspapier, dann mit Klebestreifen.

6. Du reißt Zeitungspapier in lange, schmale Streifen. Die Streifen streichst du dick mit Kleister ein und wickelst sie um den Kopf und um die Arme.

7. Stell die Figuren an die Heizung und laß den Kleister gut durchtrocknen. Wenn alles getrocknet ist, malst du die Köpfe an.

8. Du umwickelst die Flaschen und die Arme mit Kreppapier und klebst es fest.

9. Dann brauchen die 3 Könige noch Kronen, Haare, Umhänge aus Stoffresten, Gürtel und Schmuck, je nachdem was du so in der Kramkiste zu Hause findest.

10. Zum Schluß steckst du die Kerzenhalter durch die Arme.

**Wir kommen
aus dem
Morgenland**

Handpuppen

Du brauchst:
1 Beutel Plastika, 1 Schüssel, Wasser, 2 Holzstäbe,
2 leere Flaschen, Zeitungspapier, Farben zum Anmalen,
roten und weißen Filz, Stoffreste, Klebstoff, Nadel, Faden
und eine Schere

1. Du vermischst das Plastika in einer Schüssel mit Wasser und knetest es mit den Händen gut durch.

2. Du stellst den Holzstab in die Flasche, knüllst Zeitungspapier und steckst es auf den Stab. Das Papier muß bis über den Flaschenhals gehen.

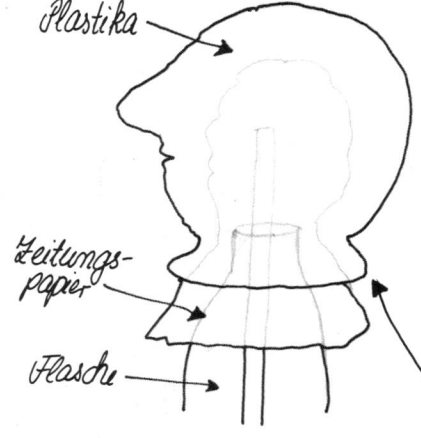

Plastika
Zeitungspapier
Flasche

3. Mit Plastika formst du über dem Zeitungspapier einen Kopf. Willst du die Form glätten, tauchst du deine Finger immer wieder in Wasser und streichst dann damit über den Kopf. Den Hals biegst du unten etwas auseinander.

4. Die Köpfe müssen 2 bis 3 Tage lang trocknen, bevor du sie anmalen kannst.

5. Für die Kleider werden 2 Filzstücke übereinander gelegt, an den gestrichelten Linien ausgeschnitten und zusammengenäht.

Hände schneidest du aus einem Stoffrest aus und klebst sie an.

Das Mädchen bekommt noch Haare aus Wolle und der Weihnachtsmann eine rote Mütze.

abschneiden

abschneiden

Das Kleid über den Hals ziehen und festbinden!

Spiel mit uns!

Weben mit Papier

Du brauchst:
Glitzerfolie in verschiedenen Farben, Geschenkpapier, Bänder, eine Schere und Klebstoff

Du legst ein großes, rechteckiges Stück Folie vor dich hin und schneidest es an den gestrichelten Linien ein.

Du reißt oder schneidest das Papier zum Weben in Streifen und ziehst es so durch die Schlitze.

Die Papierstreifen kannst du an den Rändern festkleben, damit sie nicht mehr herausrutschen können.

2. Reihe

1. Reihe

Das machst du abwechselnd so weiter, bis das ganze Papier vollgewebt ist.
Du kannst das Papier als Untersetzer benutzen oder auch verschenken.

Es glitzert und knistert

Hampelmänner aus Bonbons

Du brauchst:
1 Styroporkranz, Kreppapier in allen Regenbogenfarben, Klebstoff, Schere, Buntpapier, Stecknadeln, Fäden und viele Bonbons

Die Hampelmänner machst du so:
Fünf Bonbons werden mit Fäden aneinandergebunden.

Aus Buntpapier schneidest du ein Gesicht und eine Mütze aus.

Klebe es oben an dem Bonbonpapier fest.

Dann schneidest du das Kreppapier in ungefähr 5 cm breite Streifen.

Du wickelst den Styroporkranz nach und nach mit den Streifen ein.

Zum Schluß hängst du die Hampelmänner an dem Kranz auf. Und natürlich noch ganz viele bunte Bonbons.

Ein Bonbonkranz für Onkel Franz

Honigkuchenhäuser

Du brauchst:

2 Honigkuchen (die gibt es im Stück zu kaufen), Schokoladentaler, eine dicke Pappe, 1 Brett, 1 Messer, 1 Pinsel. Für den Zuckerguß brauchst du 2 bis 3 Eiweiß und Puderzucker und zum Verzieren einige Süßigkeiten, die du gerne magst.

1. Den Honigkuchen schneidest du auf einem Holzbrett in dicke Scheiben.

2. In einer Schale rührst du Eiweiß und Puderzucker zu einem dicken Brei an.

3. Du nimmst die dicke Pappe und streichst dort, wo das erste Haus stehen soll, den Untergrund dick mit dem Zuckerbrei ein. Mit einem breiten Pinsel geht das am besten.

Und so baust du die kleinen Häuschen:

2 dicke Scheiben Honigkuchen = Seitenwände
2 halbe Scheiben = Vorder- und Rückseite
noch 2 dicke Scheiben = Dach
2 Dreiecke = Dachgiebel
und ein schmales Rechteck werden an den Kanten dick mit Zuckerguß eingepinselt und zu einem Häuschen zusammengesetzt.

Nach dieser Art kannst du alle Häuser bauen, aber du kannst sie auch größer, kleiner oder höher bauen.

Wenn du alle Häuser auf der Pappe angeordnet hast, streichst du den restlichen Pappboden mit Zuckerbrei ein und klebst Schokoladentaler als Pflastersteine auf.

Den restlichen Brei gießt du über die Häuser.
Zum Schluß verzierst du das Dorf mit Süßigkeiten und läßt über alles noch etwas Puderzucker schneien.

Hier fehlt noch Schnee!

Kennst du Honigkuchenhausen?

Ein Weihnachtsmarktstand

Du brauchst:

einen größeren Karton, Buntpapier, mehrere Innenteile von Streichholzschachteln, Bindfaden, kleine Klammern, Süßigkeiten, und für den Marktmann nimmst du eine leere Klorolle, eine Wattekugel, Filzstifte, eine Schere, Klebestreifen und Klebstoff.

Mit Buntpapier bekleben

Das Dach mit Klebestreifen festkleben!

Du nimmst am besten einen Karton, den du in der Mitte aufklappen kannst. Die eine Hälfte biegst du nach oben, klebst sie mit klebestreifen fest.

Die andere Hälfte knickst du in der Mitte nach vorne um und klebst die kanten fest.

hier die kleinen Schachteln aufkleben!

Kanten zusammenkleben!

Für den Marktmann umwickelst du eine Klorolle mit Buntpapier, klebst die Wattekugel als Kopf darauf und schneidest eine Papiermütze aus.

Mütze aufkleben

Arme ankleben

Dann rollst du aus Buntpapier 2 Arme und klebst sie am Körper fest.

Jetzt kannst du deinen Marktstand mit Süßigkeiten füllen.

An einer Schnur hängst du Schokoladenkringel, Lutscher und was dir sonst noch gefällt auf.

Vor dem Marktstand ist noch Platz für viele kleine Dosen und Schachteln.

Wer möchte wohl etwas bei dir kaufen?

Ich!

Kleiner
Weihnachtsmarkt

geschmückter Zweig

Du brauchst:

einen schönen, trockenen Zweig, Perlen, Federn, Papier in weiß oder anderen Farben, Klebstoff, Schere, Nadel und Faden und eine leere Flasche, in die du den Zweig hineinstellen kannst.

Und so schneidest du die Phantasieschneeflocken aus:

1. Du faltest ein viereckiges Stück Papier in der Mitte.

2. Und noch einmal in der Mitte falten.

3. Dann an der gestrichelten Linie ausschneiden.

 A
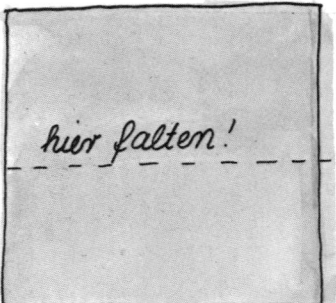

hier falten!

B
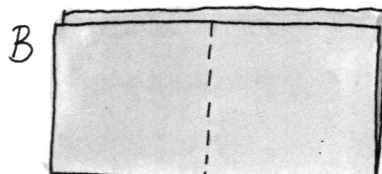

C
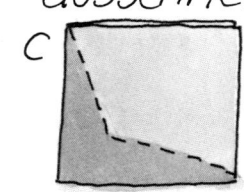

Soll der Stern noch mehr Zacken haben, mußt du die Form C noch einmal diagonal falten.

Dann ebenfalls an der gestrichelten Linie ausschneiden.

In alle Außenkanten kannst du nun Muster einschneiden.

Du faltest das Papier vorsichtig auseinander, und vor dir liegt eine Schneeflocke.

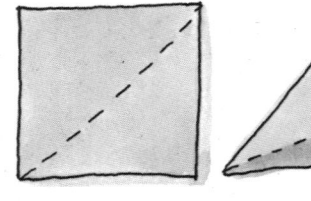

Und die Tüten machst du so:

Du schneidest einen Kreis aus, teilst ihn in der Mitte, rollst die Halbkreise jeweils zu einer Tüte auf, klebst die Ränder fest, ziehst einen Faden durch und hängst die Tüten an dein Bäumchen.

Ich schenk dir
diesen Zweig

Lustige Verpackungen

Du brauchst:

eine leere Dose mit Deckel, eine leere Klorolle, graues Papier und etwas dickeren, grauen Karton, Papier in verschiedenen Farben, kleine Schachteln, etwas Schnur, Schere und Klebstoff.

und das soll mal ein Esel werden?

1. Schneide graues Papier so zurecht, daß es genau um die Dose paßt, und kleb es fest.

2. Der Kopf wird auch aus dem grauen Papier gemacht.

Unten stopfst du rosa Papier als Maul hinein.

Es wird gerollt und zusammengeklebt.

Dann schneidest du 2 Ohren aus und klebst sie am Kopf an.

Die Beine schneidest du aus dem festen, grauen Karton aus und klebst sie an der Dose fest.

Dann füllst du den Esel mit Geschenken und machst den Deckel zu.

Du kannst den Esel außerdem auch noch mit kleinen Päckchen beladen.

Der Weihnachtsmann wird so gemacht <u>wie die Engel auf Seite 14.</u> Nur hat er statt der Haare eine Mütze auf. Bevor du die Mütze oben mit einem Band zubindest, füllst du kleine Überraschungen hinein. Wer den Esel oder Weihnachtsmann geschenkt bekommt, der freut sich sicher riesig darüber.

Ein Esel mit besonderer Last

Nußmännchen und Nußtiere

Du brauchst:

1 Päckchen Knete in verschiedenen Farben, Walnüsse, Haselnüsse, etwas Kreppapier, Klebstoff, Schere, 4 Knöpfe 2 Streichhölzer, Filzstifte

Die Nußmännchen:

zuerst formst du aus Knete die Füße.

Darauf setzt du eine Nuß. Wenn sie nicht so gut hält, klebst du sie fest.

Dann rollst du den Oberkörper aus Knete und klebst ihn auf die Nuß.
Arme extra ankleben!

Auf den Oberkörper klebst du eine Nuß als Kopf.

Dann schneidest du eine Mütze aus Kreppapier aus und klebst sie fest.

Wenn das Männchen nicht so gut steht, klebst du es auf eine Pappe auf!

Nußkind im Kinderwagen:

Auf eine halbe Walnuß klebst du eine Haselnuß.
Unter die Walnuß klebst du 2 Streichhölzer.
Auf die Streichholzenden klebst du je einen Knopf.

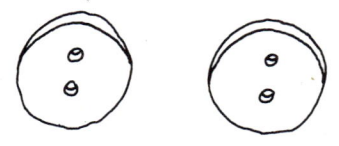

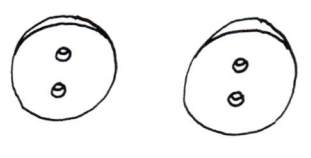

Und dieses ist die Käfernuß!

halbe Walnuß   Knete

Haselnuß

Fallen dir noch andere Nußtiere ein, die bei dem Fest der Nußmännchen mitmachen könnten?

Ein Fest
bei den
Nußmännchen

Figuren aus Erdnüssen und Kartoffeln

Du brauchst:

Erdnüsse, Kartoffeln, Streichhölzer, etwas Kreppapier und Goldpapier, dünne goldene Schnur, Stecknadeln mit Köpfen, Knete, Klebstoff.

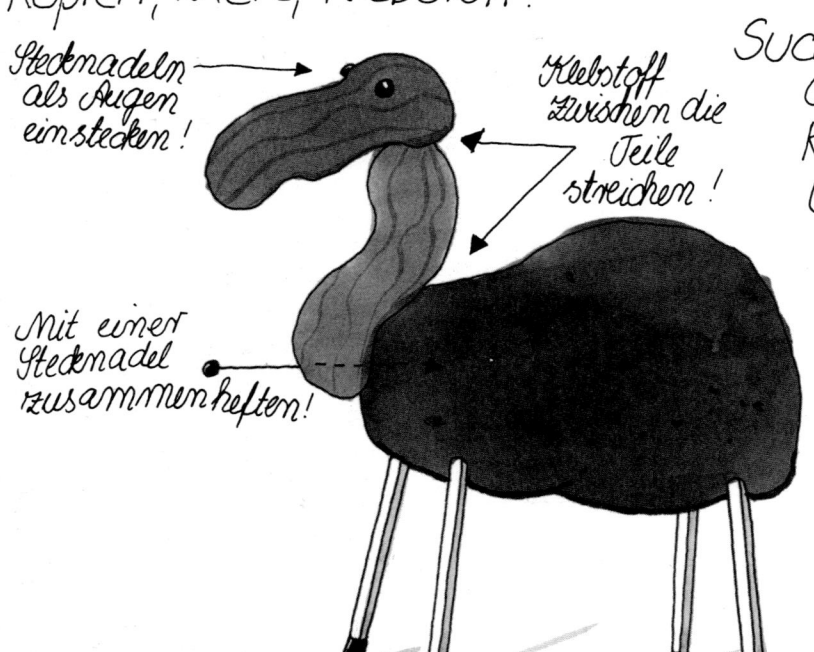

Stecknadeln als Augen einstecken!

Klebstoff zwischen die Teile streichen!

Mit einer Stecknadel zusammenheften!

Such dir eine Kartoffel aus, die dich an einen Kamelkörper erinnert, und 2 Erdnüsse eine für den Hals und eine für den Kopf.

Kleb die Erdnüsse an der Kartoffel fest. Steck Streichhölzer in die Kartoffel, und fertig ist ein Kamel.

Für die Könige steckst du eine kleine und eine lange Erdnuß zusammen.

Du klebst 2 Streichhölzer als Arme an und steckst 2 als Beine in die Erdnuß.

Die Bein-Streichhölzer drückst du in einen Klumpen Knete. So kann der König stehen.

Stecknadel durchbohren!

Zahnstocher als Wanderstab

Krone aus Goldpapier ausschneiden und festkleben!

Mantel aus Kreppapier ausschneiden und dem König umhängen!

48

Die Karawane
der
Erdnußkönige

Apfelsinenmännchen

Du brauchst:

Apfelsinen, Pampelmusen, Zitronen, Nelken, Zimtstangen, etwas Buntpapier, Klebstoff, 1 Holzstäbchen, 2 Apfelsinenpapiere oder Seidenpapier, Erdnüsse, Nadel und Faden.

Im Winter ist es ganz gesund, Saft von Pampelmusen, Zitronen und Apfelsinen zu trinken.

Wenn du dir also Saft auspreßt, hebst du die leeren Schalenhälften auf.

Laß sie auf einer alten Zeitung etwas austrocknen, bevor du damit bastelst.

Du türmst so viele Schalen übereinander, wie du willst. Du kannst dir einen Mann, eine Frau, ein Kind, einen Hund, eine Schildkröte und vieles mehr basteln.

Zimtstangen werden mit Stecknadeln festgesteckt!

Nelkenaugen in den Kopf picken!

Papiermund aufkleben!

Aus 2 Apfelsinenpapieren kannst du einen Schirm falten.

An einer gefalteten Seite Faden durchziehen und zu einem Kreis zusammenziehen. Dann auf das Stöckchen stecken.

Die Schildkröte hat einen Erdnußkopf und -beine.

Pampelmusen-Suse, Apfelsinen-Trine und die Orangen-Schildkröte

Vögel für den Tannenbaum

Du brauchst:

Pappe, Goldpapier, Filzstifte, Federn, Schere, Pailletten, Christbaumkugeln, Klebstoff und Fäden, Seidenpapier.

Christbaumkugelvogel:

Du schneidest aus Goldpapier einen Vogelkopf, Füße und Schwanzfedern aus und klebst alles an die Kugel.

Du kommst jetzt mit zum Baum!

Vogel mit Faltflügeln:

Du schneidest einen Vogelkörper aus Pappe aus und schneidest einen Schlitz in die Mitte.

Schnabel anmalen oder aufkleben!

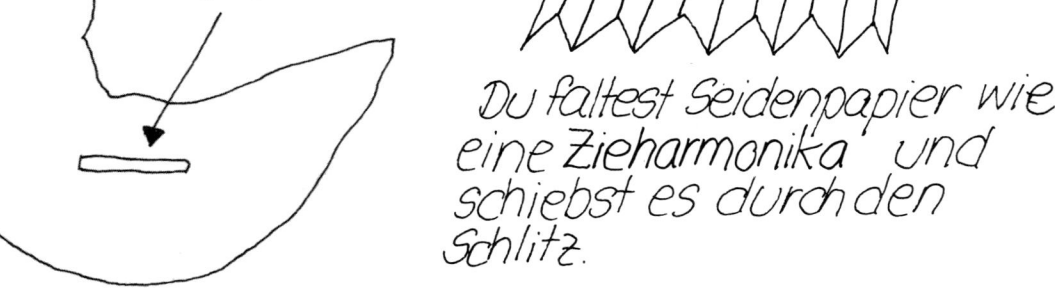

Du faltest Seidenpapier wie eine Ziehharmonika und schiebst es durch den Schlitz.

Paillettenvogel:

Du schneidest einen Vogelkörper aus Pappe aus, bestreichst die Pappe mit Klebstoff und klebst darauf die Pailletten.

hinten noch eine Feder ankleben!

Eine ganze Vogelschar

Räuchermännchen

<u>Du brauchst:</u>
einen Klumpen Ton aus dem Bastelgeschäft, eine Plastikunterlage, 1 Messer, 1 Schälchen Wasser, 1 Nagel mit dickem Kopf, 1 Eierlöffel

Du schneidest von dem Ton ein Stück ab und klopfst es mit der flachen Hand, damit alle Luft entweicht.

Dann formst du eine Walze und modellierst einen Kopf heraus.
Das sieht ungefähr so aus wie ein Kegel.

aus-kratzen

Du schneidest die Form genau in der Mitte durch und kratzt mit dem Eierlöffel den Ton heraus, bis nur noch ein etwa 5 mm dicker Rand stehen bleibt.

Mit dem Nagelkopf stößt du ein Loch für den Mund durch den Ton.

Du nimmst etwas Ton zwischen die Finger und tauchst sie in das Schälchen mit dem Wasser. Mit diesem Tonschlamm schmierst du die Schnittkanten ein und fügst die ausgehöhlten Hälften wieder zusammen.
Die Schnittkanten verschmierst du von außen gut mit dem Tonschlamm, bis sie nicht mehr zu sehen sind.
Hüte und Arme mußt du auch mit Tonschlamm an den Figuren festkleben.
Die fertigen Männchen stellst du auf Zeitungspapier und läßt sie 2 Wochen lang trocknen, bevor du sie brennen lassen kannst.

Die
Räucherbande

Tanzende Papierschlange

<u>Du brauchst:</u>

dünnes buntes Papier für die Schlange, etwas festes Papier, Schere, Klebstoff, Filzstifte, ein paar kleine Sterne, Nadel und Faden.

Aus dem dünnen bunten Papier schneidest du einen Kreis aus.

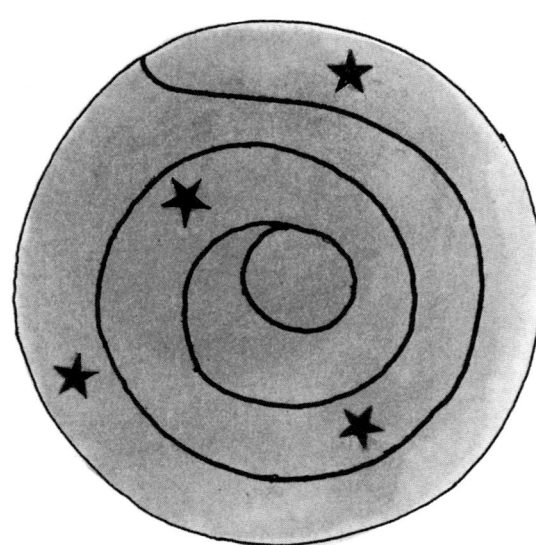

Du malst eine Spirale auf den Kreis und schneidest sie aus.

Du kannst die Papierschlange mit kleinen Sternen bekleben!

Wattehaare ankleben!

nach hinten umknicken!

Aus festem Papier schneidest du eine tanzende Figur aus.

Du malst sie von beiden Seiten an oder beklebst sie mit Buntpapier.

Beim Ausschneiden der Figur läßt du ein Stück Papier am Fuß stehen. Das knickst du dann um und klebst es auf der Schlange fest.

Wenn du die Figur über einer Heizung im Fenster aufhängst, beginnt sie sich zu drehen.
Solange die Heizungswärme aufsteigt, hört die Schlange nicht auf zu tanzen.

**Alles dreht
sich im Kreis!**

Walnußenten am Kranz

Du brauchst:

Walnüsse, einen Nußknacker, weißes Papier, Federn, weißes Nähgarn, Goldspray, einen Styroporkranz, goldenes Kreppapier, Schere, Klebstoff, eine alte Zeitung

1. Du schneidest das Kreppapier in lange, 5cm breite Streifen und wickelst es um den Kranz.

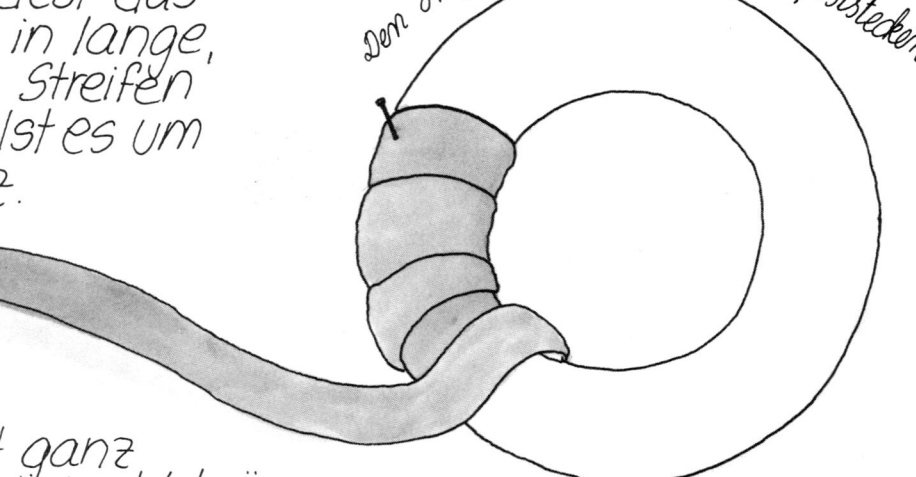

Den Anfang mit einer Nadel feststecken.

2. Du knackst ganz vorsichtig einige Walnüsse, so daß die Schalenhälften heil bleiben.

3. Du legst die Nußschalen auf eine Zeitung und sprühst sie gold an.

4. Aus weißem Papier schneidest du Entenköpfe aus.

In den Hals machst du einen Schlitz, so groß, daß du den Kopf gleich auf die Nuß stecken kannst.

Du wickelst einen Faden um die Nuß und verknotest ihn.

Mit einem Filzstift malst du die Schnäbel gelb.

Dann hängst du alle Enten am Kranz auf.

Die goldenen Enten

Theater im Schuhkarton

Du brauchst:

einen großen Schuhkarton, festes Papier, Buntpapier, Klebstoff, Schere, ein Papiermesser

In zwei Seiten des Schuhkartons schneidest du Schlitze und vorne schneidest du ein kreisrundes Guckloch hinein.

Du schneidest Bäume und ein Haus aus und klebst alles vor der Rückwand des Kartons auf dem Boden fest.

Hier 🌲🌲 Bäume und das Haus 🏠 aufkleben!

Papierstreifen nach hinten umknicken!

Dann brauchst du noch ein paar Figuren, die im Karton theater spielen. (Schneemann, Hund, Katze, Kind, usw.) Du schneidest sie aus Papier aus und beklebst oder bemalst sie.

Die Figuren, die von rechts auftreten, bekommen einen langen Papierstreifen rechts angeklebt.

Ich weiß schon, was ich spiele!

Du faßt den Streifen am Ende an und schiebst ihm durch einen Schlitz!

Jeder darf mal vorn durch das Loch gucken!

Die, die von links auftreten, bekommen den Papierstreifen links angeklebt.

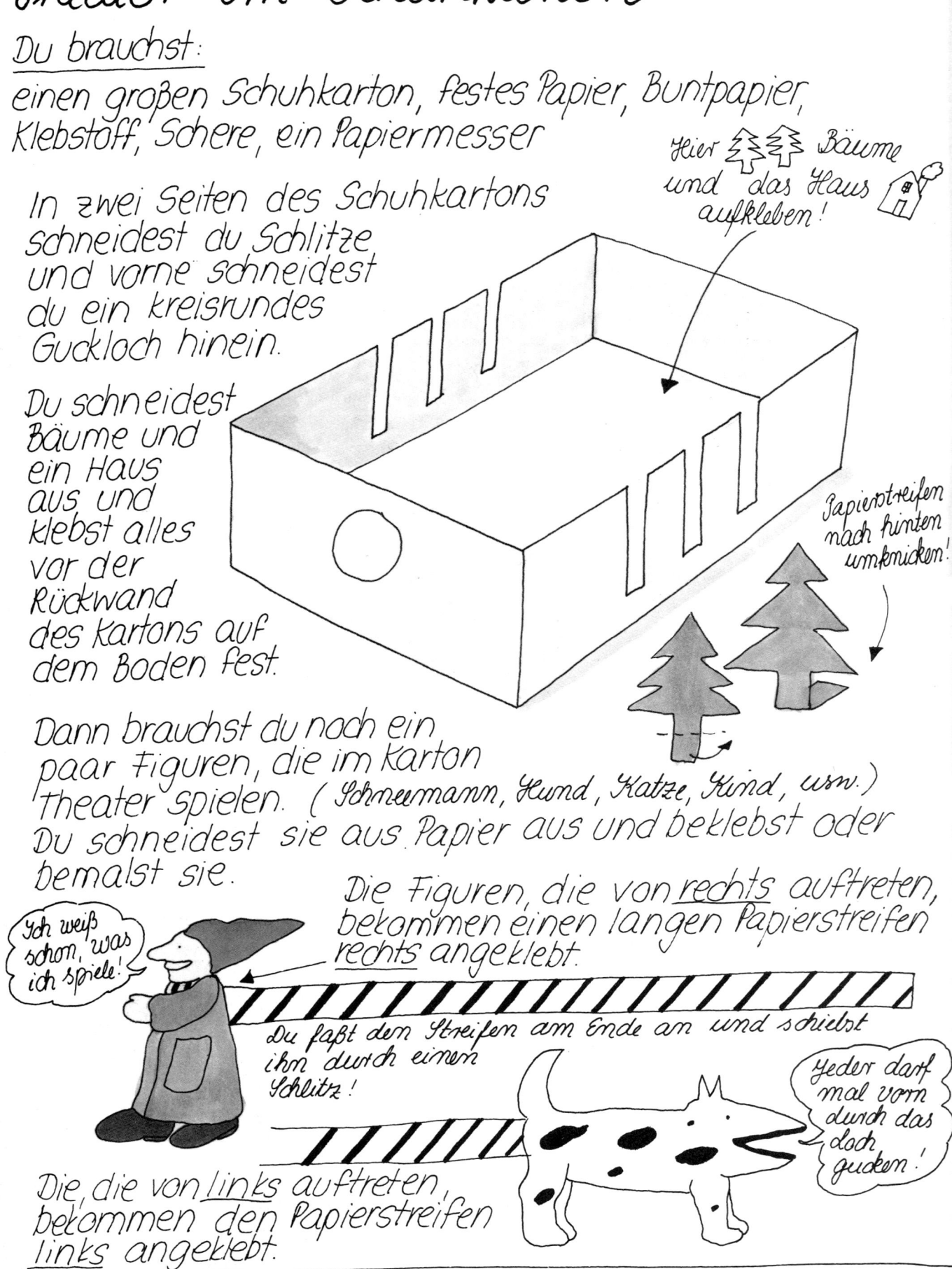

Warten auf den Weihnachtsmann

Krippe

Du brauchst:
Knete in verschiedenen Farben, festes Papier, Kreppapier, Folie, Goldpapier, Nadel und Faden, Schere, Klebstoff, Wollfäden, Watte.

Aus der Knete formst du Köpfe:

Kreppapiertuch   Papierhut   Wollturban   Goldkrone   Papierhüte

Maria   Josef   3 Könige   2 Hirten

Engelshaar   Ohren aus Knete

Engel   Christkind   2 Schafe   Esel

Die Köpfe werden auf eine kleine Papierrolle geklebt.

Du kannst aus Papier auch Arme rollen und ankleben.

Du schneidest Kreppapier zurecht, ziehst oben einen Faden

durch und bindes, das Kreppapierkleid unter dem Kopf fest.

Dann bastelst du noch kleine Hüte, einen Umhang, Kronen aus Goldpapier und klebst alles an den Figuren fest.

Die Figur auf Pappe aufkleben

mit Watte bekleben!

62

Im Stall
zu Bethlehem

Von der Autorin dieses Buches sind im Otto Maier Verlag noch folgende Bücher erschienen

Hier gibt es Bastel- und Spielideen fürs ganze Jahr! Im Frühling kannst du Blinde Kuh spielen, im Sommer eine kleine Windmühle bauen, im Herbst mit Freunden leuchtende Laternenhäuser herstellen und im Winter einmal einen ganz anderen Adventskalender basteln.
Dieses und noch viel mehr kannst du wirklich selber machen. Du wirst sehen, es geht ganz einfach. Die Bastelanleitungen sind groß und übersichtlich, und Farbfotos zeigen dir die fertigen Spielsachen.

Mit Wolle basteln heißt: Wolle kleben, wickeln, knäueln, knüpfen, flechten oder Bilder legen. Im Nu entstehen lustige und originelle Spielsachen. Zum Beispiel eine Hängematte für den Teddy, der Prinz vom Märchentheater, die leuchtend gelbe Sonne oder die Eule vom kleinen Zoo. Im Buch findest du noch viele weitere Bastelideen: den Dackel Sausefix, weiße Wollegeister, kleine Indianer und . . .

Weißt du, wo der Gurkenkönig wächst? In seinem Land gibt es viel zu schauen, zu riechen und zu schmecken. Borretsch ist der Gurkenkönig! So wird er im Volksmund genannt. Dieses Buch zeigt dir, wo du ihn findest. Es führt dich ein Jahr lang durch sein Land. Du siehst Blumen, Kräuter, Beeren und Früchte, die jeder sammeln und pflücken darf. Und wenn du mit deinen gesammelten Naturschätzen nach Hause kommst, dann schau hier nach, was du damit kochen und backen oder spielen und basteln kannst.